Gisela Wielert lernte noch vor dem geplanten Studium Fachrichtung Physik mit dem Ziel: Gesundheitsingenieur ihren Mann kennen und ist seit 1971 verheiratet.
Sie haben einen Sohn und leben auf dem Lande in der Nähe von Lübeck
Beruflich war sie als Arztsekretärin, zwischenzeitlich Chefarztsekretärin an der Uni Lübeck, tätig. Nebenberuflich arbeitete Wielert 10 Jahre als Buchhalterin für bis zu 4 Restaurants gleichzeitig. Von 1998 bis 2014 Tätigkeit als Managerin in einer Klinik für Ästhetisch-Plastische Chirurgie.

Ihre Schreibbegeisterung begann früh. Seit ihrem 17. Lebensjahr sind circa 100 Gedichte entstanden, viele Kurzgeschichten, Tagebuchaufzeichnungen mit Schreibmaschine ohne Seitenzahl, 2,3 kg und Essays.
2013 kam ein Kinderbuch für ihr Enkelkind hinzu.

Bisher erscheinen im Buchhandel:
2017 im Februar: **Durch die Zeiten (Band I Die erste Generation)**

Kontakt gisela.wielert@gmail.com

      Facebook

Herstellung und Verlag: BoD- Books on Demand, Norderstedt

Eine Hommage an einen meiner Lieblingsdichter: Charles Baudelaire

Das Geist-Erschaffene ist lebendiger als die Materie

(Charles Baudelaire)

Der Dichter

Ein Clown ist er
ein Scharlatan
ein armer Tropf
ein Harlekin
der tanzen muss auf dem Papier
zu Klängen die sein Kopf erfindet
Und im Tango Blues und Rock 'n' Roll
entzückt sich sein reger Geist
dreht wirbelt kriecht auf dem Boden
zügelloses Peitschen auf den Ohren
und Blatt für Blatt
schwitzt er die dicke Schminke ab
Dann ein Knall
und die Musik verhallt für diese Nacht
ein müder Mensch erscheint
mit dünner blasser Haut
den steifen Rücken streckend
Ein Publikum
er denkt es sich
hat nicht geweint und nicht gelacht
doch bis in seinen tiefen Schlaf
hört er es giftig spotten
Daraus erwacht
kann er kaum die Musik erwarten
kopfüber stürzt er sich hinein
in eine leere Welt aus lauter weißen Bögen
die er mit seinen Tänzen füllen will
der Clown
der Scharlatan
der arme Tropf
der Harlekin

Flambierter Salat 1968

Man nehme
einen kriegs- und lebenserfahrenen Dozenten
einige außerparlamentarisch opponierende Studenten
und die Vater-Kiesinger-Regierung
mische alle Teile mit Mao-Thesen
und füge als besondere Geschmacksunterstreichung
einen kleinen Schuss
amerikanische Vietnam-Politik hinzu
dieses lasse man nun eine gute koalitionsdauerlang
in der Berliner-Pfanne gären.

Inzwischen nehme man eine frische EWG-Krise und rühre langsam
den granatenbespickten Nasser unter die dünne Masse
hierzu empfiehlt sich der Zusatz einiger Körnchen
Wirtschaftsstockung „made in Germany"

Nun sollten vorsichtig beide Massen gut gemixt
in der Nato-Zweckschüssel angerichtet werden
Zum Flambieren
dürfen Sie keineswegs eine billige Marke wählen
anzuraten wäre
der große alte hochentzündliche „de Gaulle"
ohne ihn
kämen Ihre Gäste nicht auf den gewünschten Geschmack

Guten Appetit

Gegen Frühjahr

Ein- und ausatmen
gegen die Müdigkeit viel zu weißen Fleisches
gegen Frühjahr
am Morgen am Mittag am Abend
artige Behaglichkeit bildet ätzende Flecke
Gemütlichkeit lässt an Nervensträngen borstige Auswüchse wach-
sen
und der Vogel im Käfig stammelt liebliche Brocken

Ein- und ausatmen gegen die Müdigkeit
gegen Frühjahr am Nachmittag
mit roten Hosen in sehr grauen Straßen
in der Tasche eine Lieblings-CD von Miles Davis
den halben Kopf voller Jazzerwartung
die zweite Hälfte denkt an Gide und daran
dass er hier Höhenflüge gehabt hätte
hier in dieser Stadt
unigrau gegen Frühjahr

Himmel schließ dich auf lass Sonne regnen
flüstert eine dritte Stimme die unentwegte Partitur
einer frühlingssüchtig Verlangenden
lass Gide reden und Davis Jazz machen
lass den Vogel ganze Lieder singen und lass
allzu weißes Fleisch fassbare Farbe werden

Definition des Wortes Frust

F = Furcht
R = Ratlosigkeit
U = Unsicherheit
S = Selbstbetrug
T = Trugschluss

Eingespielt und eingeschworen
feste Wege vorgelegt
keine Chance sie zu verlassen
unser Leben

aufgesetzte Ideale konsumieren
nichts riskieren
in der Zukunft

Alpha und Omega

Zieh mich in die Sonne
bis der letzte Schatten fällt
gib der Sehnsucht Frieden
bevor sie wieder geht
lenk mich in die weite Flut
die mir dein Auge zeigt
lass mich deine Erde sein

Wenn die Wolken dunkler werden
was die Träume stört
platzt Frösteln in die Flammen
und die Glut in mir ertrinkt
sei das Echo meiner Rufe
die ich an dich lehn
ihm will ich Erde sein

Träger fließt das Blut
und meine Sinne atmen still
für eine kleine Weile
warst du mir mehr als ein Gewinn
Schöpfer der Entdeckung
von dem was in mir ist
und dafür will ich Erde sein

Blödelei I

Heut erzähl ich euch von Damen
die für Geld
zu haben waren

Sie hießen Mizi und Lulu
und versprachen
Lust im Nu

Ob auch deutsch
französisch spanisch
sie nahmen viel
und manchmal gar nichts
bis der letzte Freier blank
kein Geld mehr
für die Liebe fand

Was wir in Berlin Lübeck und München tun

Wo du stehst
willst du gewinnen
und das ist es
was wir in Berlin Lübeck und München tun

Sieh dich um
die Straßen sind voller Leute
und wetten 1:100
jedermann sucht seinen Ruhm

Natürlich allein
das ist keine Frage
trotzdem
es gibt welche
die stehenbleiben
und miteinander weitergehen
vielleicht wie jetzt auch du
und das ist es
was wir in Berlin Lübeck und München tun

Zwischen Nacht und Tag

Und manchmal
bricht die Welt ein wenig mehr zusammen
harte Scherben
liegen da wie blankes Eis

und manchmal
sticht die Sonne etwas greller
grauer Lehm
bedeckt die Mitte und den Kreis

Wieder fliegen Schatten in die Fröste
Kränze krönen opfervoll die Spur
im Flur der Zeiten
einen Jungfernstern zu zünden
der halb erloschen
entwickelt späte Leidenschaft

Und manchmal
träumen Träumer hoffnungsvolle Plätze
die unbekannt im Schall vergehen
es treten Gaffer
frohgelaunt auf Schätze
die
angefressen niemand mehr zur Kenntnis nimmt

Rosen und Fragezeichen

Melancholischer noch
als eine verblühte Rose
mit hängendem Kopf
in einer viel zu großen Vase
sieht das Fragezeichen
an der verdreckten Fensterscheibe
eines einsturzreifen Fachwerkhauses
Anno 1636 aus

Ich kann nicht widerstehen
zeichne eine Acht daraus
drum herum
lauter kleine Punkte

Die Rose
werfe ich gedankenverhalten auf den Komposthaufen
sollen sich die Fliegen
spielend darüber vermehren

Moral für jedermann
direkt aus dem Grundgesetz

Es gibt nur ein moralisches Recht
und nur eine moralische Verpflichtung
der Anspruch und die Gewährleistung
auf körperliche und geistige Unversehrtheit

Das philosophische Missverständnis

Der gestirnte Himmel des Herrn Kant
wird auch in Zukunft nichts
von seiner strahlenden Wirkung
auf die Menschheit einbüßen

Dank
ins All verschobener
Atommülldeponien

Drei Beiträge ohne Überschrift

Am Ende jeden Verlustes
bleibt ausschließlich
die gefühlsmäßige Verschwendung an
NICHTS

Bruderkuss, Schwesterkuss, Freundschaftskuss,
Liebeskuss Routinekuss Ehekuss
Kopfnuss
Verwechslungen sind nicht auszuschließen

Ärger als Gehässigkeit
ist Dummheit
weil sie wehrlos macht
Gehässigkeit kann ich mit Ironie begegnen

Gedanken über Gedanken

Ich spreche zu mir
komm denk nicht mehr
ich nehme ein Buch und versuche
das Denken aufzugeben

Und in die Versuche zu vergessen
mischen sich neue Gedanken
Gedanken
die ich gar nicht will

Und so werde ich wohl denken
bis ich aufhöre zu atmen
ohne einen Gedanken jemals
bis zur Erschöpfung
ausgedacht zu haben
bis mein Kopf leer
und keines Gedankens mehr fähig ist

Gestern

Vielleicht gegen 23 Uhr
zog mich ein dicker
sattgelber Stern
magisch an

Ich hob mich empor
ihn zu ergreifen
beherzt fasste ich zu
und
hielt eine Schnuppe in den Händen
die mich schnurgerade wieder auf die Füße stellte

Dichtung im 21. Jahrhundert

Die Zeit der Reimeschmiede ist vorüber
die Heileweltidee hat sich verbraucht
Lachen und Weinen wurden Unhöflichkeiten
zu unschicklich belästigenden
Peinlichkeiten
moderne Dichtung besteht aus Fragmenten

Verse
wie Schaumkronen auf dem Wasser
Worte wie
eng aneinandergesetzte Eitelkeiten
gestelzte Mutwilligkeiten
Planung statt Poesie

19

Ciao

Ciao mein Lachen
aber nicht zu lange
und weinen
mag ich nicht allein

Erinnerung
ist für alte Leute
denn
die Seligkeit
liegt im Genuss
der Wiederholbarkeit

Jean-Marie

Hilfe Jean-Marie
mein Gesicht zeigt viele kleine Kerben
das darf dich nicht taxieren
klingt deine Stimme mir im Ohr
aber nicht deshalb rief ich deinen Namen
es ist der Jugend wegen
und wie sie lebt und denkt
mutet befremdlich an

Wir waren irgendwie ganz anders
und doch so seltsam ähnlich
im glatten Spiegelbild der Zeit
zerfließen all die Jahre
zu einem fernen Traum von Wirklichkeit

Dein Piano
Jean-Marie steht noch im Keller
die Tasten glänzen matt schwarz-weiß
wenn ich wie jetzt
den schweren Deckel schließe
bilde ich mir ein die Luft zu atmen,
die uns verband vor vielen Jahren

Du warst verrückt und wild
und liebtest Goulasch
zum Dessert serviertest du uns roten Wein
einprägsam klang Chopin durch deine Hände
das Timbre grub sich fest in meine Sinne ein

Die Mao-Fibel lag in Griffbereitschaft
genau wie jenes Miniaturschachbrett
und während du den König in Bedrängnis brachtest
las ich dir aus dem roten Büchlein vor

Chopin und Goulasch
Wein und Mao
Schach dem König
und weiter Jean-Marie?
Es kam der Job mit ihm die Pflichten
und unsere Wege trennten sich

Hilfe Jean-Marie
ich kann so schwer vergessen
ach was nicht dich mein Freund
und denke einmal nach
wir haben über die Zukunft viel gesprochen
unsere Schlüsse zogen wir aus der Vergangenheit
wir
wollten alles besser machen
doch bei unserem Abschied
küssten wir bereits den teuren Boden Karriere
getreu nach Muster bürgerlicher Wertigkeit

Eine Idee der Existenz zerrann
zerfiel zu Staub
und in aufgebrachte kleine Wirbel
stolpert nach die nächste Jugend
noch ist sie schön
mit ihrem unverzagten Blick
doch allzu rasch werden Bügerschreckideale
sie verlassen
und dann Jean-Marie
heißt es neue Höllenbewohner freundlich zu empfangen
bei uns
im Establishment

Dankbar

Fassungslos über dich

vor lauter Liebe

dich getroffen und gewonnen

festgehalten voller Freude

Sehnsucht nach dir

wenn du nicht bist in meiner Nähe

an den Tagen

in den Nächten

wenn ich erwache

ohne dich

Resignation

Manchmal
bin ich müde
zu versuchen
zu erreichen
neue Ziele

Gedanken
die in den Nächten gedacht werden
die manchmal wiederkommen
neu
und doch für immer verloren sind

Leute

Zu euch gehören Ohropax
ebenso
wie Scheuklappen
und Münder
die Geschwätzigkeit lieben
muss ich euch mögen
ihr überlasst es den Dichtern
für euch
Gedanken und Gefühle auszusprechen
die ihr vorübergehend aufnehmt
wie ausgetrocknete Erde
einen Wassertropfen
unberührbar seid ihr
wir
der Lächerlichkeit preisgegeben

Menschen und die Zeit

Sie betrachten das Morgen mit geschlossenen Augen
und sehen das Heute nicht an

Was gestern war
will wiederkommen

und wird auch der Zeit die Jugend genommen
erreicht sie den Sommer der Reife nie

Tod

Wir streben nach Dingen
die uns zerrinnen
unter den Händen
schal werden
abgeschmackt
wie unsere Gesichter Runzeln bekommen
unweigerlich
werden wir sterben
Tod
einziger Nährstoff
unseres Lebenseifers

Worte

Sie treffen mich
blicken mich an
mahnen mich
die Fragen wollen nicht weichen

Ich biete der Erschöpfung die Stirn
und strecke dem Unmut die Zunge heraus
so lange ich kann
nur hin und wieder kapituliere ich vor dem Gefühl

Verbündete

Er ertränkt seine Ängste in gefüllten Gläsern
und atmet sich seine Sorgen mit Tabak aus der Lunge

Die Wirkung lässt ihn auflachen
tief aus dem Bauch
sein Herz klopft nicht schneller
sein Kopf bleibt unberührt
weiter immer weiter
bis jene zwei Dinge ihn das vergessen lassen
weswegen er nicht schlafen kann

Ich liebe dich

Ich liebe dich bei Sonnenschein
ich liebe dich bei Mond
ich liebe dich noch in dreißig Jahren
dann bin ich es so gewohnt

Tristesse

Ein Zauberwort
unübersetzbar
nur zu erfühlen

Munterkeit in tief beeindruckter Seele
Melancholie ohne Dumpfheit des Herzens
Traurigkeit ohne Trauer

Traum

Ich möchte ein Baum sein
riesengroß
mit dickem Stamm und tausend Ästen und Zweigen

Alle meine Gedanken und Gefühle hätten darin Platz
auch die ungewollten
bösen traurigen lästigen mahnenden

Ich könnte sie abschütteln wie Tau
den die Nacht legt
und der Morgenwind mit sich fortträgt

Ballade für den Griechen
Georgios M.
genannt: Der Kapitän

Ich habe ihn nicht oft gesehen
vielleicht nur 2 3-mal
von seinen Freunden Kapitän genannt
saß er nie am Tisch allein

Erst war er Richter später Spieler
Lebemann und Bankrotteur
Partisan im Krieg Kapitän zur See
Maler und Buchautor
doch was er verdiente verpokerte er

Nun war er alt und weise
die Menschen scharrten sich um ihn
denn wenn er an zu reden fing
ging auch nachts die Sonne auf

Eines Tages lag er auf der Straße
vom Auto überrollt
ein As fiel aus seiner Tasche
jemand hob es auf und las:

Jasas Freunde, jetzt bin ich tot
dies ist mein Testament
meinen Besitz ihr wisst verspielte ich
doch ein Wunder geschah danach
auf einmal war mein Kopf befreit
und meine Taschen ließ ich leer
ich begriff das Leben wie es ist
und für euch wünsche ich mir sehr
vergesst ab und zu sofern ihr könnt
eure Jagd nach Geld und Macht

haltet inne schweigt und denkt
wie selten heute ein Mensch stirbt
der befriedigte Sinne hat
Mein Leben habe ich geliebt
und die Götter sahen zu
ich spielte hoch doch nie um mich
deshalb nehmt an den Rat
ihr
die ihr so beschäftigt seid
gegen die Zeit und die Regeln der Vernunft
genießt das Dasein
so wie ich
dann seid ihr im Alter reich

Hiermit sage ich euch Lebewohl
es gibt kein Wiedersehen
Jasas Freunde
seid umarmt
von eurem Kapitän

Damals

als der Nachtwind sich sträubte
meine rechte Wange zu küssen
lebte ich zwischen Fis dur und H moll
das ist lange her
und meine Tongabel liegt auf einer Schutthalde begraben
oder sonst irgendwo
jedenfalls ist sie weg und mit ihr das A
unzählige Male brauchte ich es
meine Gitarre auf die Lieder von Joan Baez
und Leonhard Cohen einzustimmen
Heute
als der Nachtwind auch vor meiner linken Wange
zurückschreckte
besah ich mir gerade den Weltatlas
der aus jenen Tagen stammt
von spitzen Mäusezähnen sind die Ecken weggefressen
ein Stück Nordpol fehlt
es waren 7 Mäuse
und Fallen reizen
hätten sie sich mit meinen Pralinen und eben diesem
Weltatlas zufriedengegeben
wäre es ihnen gut ergangen
so fanden sie ihren Tod
nachts hörte ich wie die Fallen ihnen das Genick
brachen
schnapp machte es schnapp und das sieben Mal
Und dann hörte der Nachtwind auf
meine rechte Wange zu küssen
meine Pralinen blieben ganz Sibirien blieb auch ganz
bis dahin sind sie nicht mehr gekommen
ich habe die Fallen nicht aufgestellt
nein
aber ich glaube, ich war die einzige
die sich etwas dabei dachte

Katalonien

Zärtlichkeit
würzig wie roter Wein
Liebe
im Nacken geboren
Rio sehen
ohne da zu sein
Sonnenwende gibt es nur im Norden
Bongoklänge
bis zwei Uhr früh
am Himmel
nie eine Wolke
Sinnlichkeit
kriecht aus dem Wasser hervor
dunkel und schwer
wie die Felsen am Ufer

Deutschland 2000

Ein Winter ohne Schnee

ein Frühjahr ohne Stürme

ein Sommer ohne Sonne

im Herbst darauf

die Blätter fielen freiwillig von den Bäumen

Ein Brief nach Zimbabwe

Liebe Takudzwa
lange schon wollte ich Dir schreiben
es war so
ich hatte einfach keine Zeit
jetzt wo ich Deine letzten Zeilen noch einmal lese
tut mir mein Versäumnis doppelt leid

Mein Liebes,
was weißt Du von den Deutschen
drum sprich mir nie wieder von Dankbarkeit
Klima beeinflusst den Charakter
und hier sind von 12
8 Monate kalt

Bei Euch
herrschen Hunger Krankheit Korruption
hier regieren Verschwendung und Hochzinspolitik
dass hin und wieder auch Bundesbürger
auf der Strecke bleiben
stört den Nachbarn erst
wenn skrupellose Industrieverplanung
ihn selbst betrifft

Und dass die meisten von uns heute noch
im Überfluss leben
ist sicher nicht mehr als eine Frage der Zeit
aber keine Frage ist
dass wir Euch gegenüber Schulden haben
und meinen kleinen Beitrag
nennst Du Nächstenliebe und Barmherzigkeit

Ausgebeutet seid Ihr worden
in den Jahrhunderten unter fremder Besatzungsmacht
sie haben Euch in die Sklaverei gezwungen

für die erbärmlichsten Arbeiten wart Ihr
kaum gut genug

Dazu ist Euch genommen worden
was afrikanischem Boden gehört
ein kaum zu toppendes Verbrechen
von Menschen an Menschen
und in diesen Krimi
gehört fast ganz Europa hinein

Und der Grund
weshalb ich Deine Ausbildung zu finanzieren helfe
Takudzwa
ist keine rätselhafte Gutmütigkeit
mir ist es einfach peinlich
auf Eure Kosten gesund und satt zu sein

Aber nun
lass mich von anderen Dingen berichten
und weißt Du Erbschulden bezahlt nicht
nur meine Generation
stell Dir vor
was ich neulich erlebte
es war schon...............

Ein kurzer Albtraum

Niemand kommt mich mal besuchen
keiner schaut zur Tür herein
das Telefon schweigt viele Wochen
ich bin allein

Früher war das noch ganz anders
Leben herrschte hier im Haus
Kinderstimmen schwirrten
Leute gingen ein und aus

Wie oft wünschte ich mir damals
eine ruhige Stunde ohne Mann und Kind
jetzt gibt es zu viele ruhige Stunden
und zu viel Stille die ist ungesund

Frost empfind ich in der Wärme
kalt erscheint im Raum das Licht
mein Dasein wird im Nichts verlöschen
Angst vor dem Tod verspür ich nicht

Gau 86 – eine Rückblende

Schließlich kam dann Tschernobyl
mit Toten und Verletzten
Europa hielt den Atem an
es folgten Empörung und Entsetzen

Regen Gras und Erde
für Kinder streng verboten
Panik auf dem Gemüsemarkt
Bauern pflügten Blattsalate unter
verkauften Spargel weit unter Preis
Rentiere wurden geschlachtet
Muttermilch und Pilze physikalisch
wissenschaftlich auf Caesiumwerte hin betrachtet
was stimmte noch
was stimmte schon wieder

Gleichgültigkeit machte sich breit
wenige Jahre nach dem GAU
wir leben noch

Getroffen

Ungeheuer viel erlebt
ungezählt oft geliebt
unvermittelt alt geworden
heute Morgen
als er aus dem Zimmer trat
wo die Wahrheit er erfuhr
über sich

Arzt in weiß
erklärte schlicht
drohte nicht mit dem Tod
gab sich hoffnungsvoll

Dröhnend traf der Lärm der Straße
an sein Ohr
Alltag sog ihn auf
Menschen dicht an dicht
er ging mitten durch sie durch
in ihm begann die Welt zu schweigen

Hass und Vernunft

Lasst uns ein wenig leise weinen
wenn Unrecht seine Bahnen bricht
Hass nicht mit Hass begegnen
wenn Menschenrecht getreten wird

Lasst uns ein wenig lauter grollen
wenn alle schweigen und kein Ton
die Starre stört
unermüdlich klagen mahnen warnen
wenn Gleichmut seine Weichen setzt
vernetzt im Wirgefühl desillusionierter Wirklichkeit
Zeichen setzen gegen Schweigen und Ratlosigkeit

Jede Zeit trägt seine Menschen
doch Gewalt ist verschwendetes Potential
Freudlosigkeit verfinstert jede Seele
kein sanfter Gedanke findet Einlass
in einer Welt der Lieblosigkeit

Und ohne Liebe leben jene
die treten, Parolen rufen
und im Übrigen ganz sprachlos sind
vielleicht
können wir sie auf unsere Seite ziehen
wenn wir ihnen gestatten
dass ein Irrtum möglich ist

Ihr

Kaum zu glauben
es macht euch nichts aus
Warnungen die von irgendwo kommen
nächtlichen Schattengeflüstern unterzuflügeln
eure Antennen für Schreie
liegen unter Gelagen bankrotter Denkmuster verscharrt
ihr grabt nicht danach
und eure Opposition verheißt Gefahr mit gespaltener Zunge

Eurer Tüchtigkeit wegen lasst ihr nicht zu
das kleine Banden sowieso Verachteter eure Straßen
unsicher machen
euren getauften Sinn für Ordnung stören
und keine Wehr ist euch antastbar genug
nicht den redlichen Wohlstand gefährdeter Pflaster
zu schützen
und nachts
schmiegt ihr euch an eure Frauen
die auch nichts davon wissen wollen
dass anderswo anderer Mütter Söhne
ihre Wange an nackte Erde lehnen
und nicht an weiches bloßes Fleisch

Hin und wieder grämt ihr euch
wenn eure Kinder schlechte Schüler sind
Kaffee aus Nicaragua trinken wollen
und sich die Haare grün und lila färben
im Übrigen
nährt ihr euren Glauben an das Leben
vom Stand eures Girokontos
Hoffnungen haltet ihr vor der Umwelt im sicheren
Banksafe verschlossen
und in der Nächstenliebe seid ihr ärger als die Krämer
keinen Kredit

nur wer bezahlt, hat etwas zu erwarten

Ich gebe zu
es macht mir Spaß euch jammern zu hören
wenn in eurer unmittelbaren Nähe
Fensterscheiben klirren
Güter verletzt werden
warum
weil ihr diese Schäden bezahlen müsst
und diese Sprache versteht ihr doch
als einzige

Im November
gegen 7 Uhr in der Frühe

Zwei Raben steigen auf in kühle Morgennebel
verlassen liegt das große, grüne Feld
Reif sinkt lautlos auf junge Saaten nieder
Frostwind spürt letzte Träume auf

Weiter oben
wo sich Licht und Dunkel treffen
zeichnet die Sonne eine erste schmale Spur
wie Durgesang im langen Mollgeflüster
erscheint Zyklamenrot am breiten Meer der Nacht

Zwei Raben steigen auf in grelle Frühtagsfeuer
schwarze Flügel zerbröckeln dünne weiße Wand
und dort wo fahle Schatten wohnen
fliegen Wünsche ihnen sonneatmend nach

Jeder weiß

Jeder weiß die Nazis leben
und jeder weiß die Welt erstickt
jeder weiß die Wälder schreien
und jeder weiß die Nordsee stirbt

Jeder weiß Politiker blenden
und jeder weiß der Giftmüll stinkt
jeder weiß Naturschützer weinen
und jeder weiß Korruption siegt

Jeder weiß Lehrer versagen
und jeder weiß ein Kind ist ein Kind
jeder weiß die Mächtigen gedeihen
und jeder weiß wer arm ist bleibt Knecht

Jeder weiß der Mensch ist sterblich
und jeder weiß der Tod kommt schnell
jeder weiß jede Chance ist vergänglich
und jeder weiß an jedem Tag schlägt es 12

Irgendwann war da dieser Traum

Nächste Woche ist schon Ostern
sagtest du am Abend zu mir
schön gab ich zurück
ein paar Tage ganz zu Hause mit dir
war es gleich in dieser Nacht oder in der nächsten
jedenfalls irgendwann war da dieser Traum
Weidenzweige wollte ich zum Osterfest schmücken
dazu malte ich 12 Eier an
ließ sie zum Trocknen liegen
kam später wieder vorbei
doch indessen war etwas geschehen
und selbst im Traum dachte ich ich träum
an Stelle der Eier sah ich Handgranaten stehen
Ich spürte Lust
meine Finger zuckten ich konnte nicht widerstehen
nahm sie in die Hand holte aus und warf und traf und warf
ich sah verhasste Gebäude brennen
und fühlte Triumph und Jubel im Schlaf
da wurde ich geschüttelt unser Kind rief meinen Namen
ich erwachte und sah es an
eben sagte es hatte ich einen schlimmen Traum
stell dir vor jemand schmiss eine Bombe die fing ich auf
und rannte mit ihr davon
ich habe genau gefühlt dass ich sterben musste
wer hat das nur getan
Ich weiß nicht
komm zu mir und schlafe schnell wieder ein
hier bist du sicher ich bin ja bei dir
es kann dir nichts geschehen
sagte ich
und fühlte mich entsetzlich verlogen
klein und ohnmächtig

Liebeserklärung

Komm Schätzchen
lass uns Leben spielen
im Garten blüht der Lenz
unsere Tauben tragen blaue Augen
unsere Barsche goldene Schuppen
und du trägst mich

Komm Schätzchen
lerne deine Rolle
heute bist du Hannibal
erinnere dich was einst Cato machte
und sprach zum Volk von Rom
cetero censeo Carthaginem esse delendam

Nicht nur ein-oder zweimal
nein bei jeder gesuchten Gelegenheit
er kochte das Volk weich
mit dieser Redewendung
am Ende glaubte es daran
wieder rüsteten Legionen
zogen in den Kampf

Karthago war damals groß und mächtig
und die Römer strebten die Weltherrschaft an
friedliche Koexistenz schien unmöglich
sie glaubten einer kann nur der erste sein

Lass uns den Abriss der Geschichte verkürzen
nur so viel sei zum Ende gesagt
wie üblich mussten Tausende ihr Leben lassen
für wen und wozu habe ich mich oft gefragt
Flaubert hat es zu seiner Salambo verholfen
mir zu diesem Gedicht
vielleicht spielten sie mit ihrem Leben und

wollten nicht Leben spielen
wie du und ich

Komm Schätzchen
lass uns Leben spielen
sonst lachen uns die Toten aus
im Garten wächst der Lenz mir wachsen Grillen
gehen wir hinaus
du als Hannibal
ich als Elefant
Barsche haben wasserblaue Augen
Tauben tragen goldene Schuppen
und ich ertrag dich auch

Schopenhauer
oder eine Frage der Perspektive

Schau schau Freund
ein Geist will kopulieren
großartig hat er sich ausstaffiert
er turtelt und kichert in einem Zug
und schminkt seine Lippen mit Wodka Lemon
er windet seinen schmachtenden Körper
zu Klängen einer Sugar-Soft-Band
die seit ihrer zu frühen ersten Gage
unmerklich ein Monster ernährt

Schau schau Freund
der Geist lockt eine verlassene Seele
die unscheinbar neben der Bühne
ihr enges Fähnchen für einen Panzer hält
er gibt ihr ein Zeichen
sie zieht sich die Maske der Unnahbarkeit vor das Gesicht
er geht auf sie zu
sie verzieht keine Miene
die ihr ohnehin kürzlich während des Surfens
auf Facebook entglitten ist

Schau schau Freund
der Geist hat seine Seele gefunden
wie lustig er sie ermutigt hat
da eben
als du dich ins Abseits begabst
und ich der Vorstellung alleine beiwohnte
mir wird bang Freund
es gibt so viele Geister und Seelen
die sich im nächtlichen Wechselschritt finden

Du lachst Freund
du lachst mich tatsächlich aus
dabei habe ich gedacht
du siehst was ich sehe

Ich gehe jetzt
du willst noch bleiben
dann hast du mehr Sinn für Geister und Seelen als ich
vielleicht solltest du einen Wodka Lemon trinken
ach du hast schon
dann gehört die Seele neben der Bühne jetzt zu dir

Ciao ciao Freund
ich gehe meine Blindheit begrenzen
bevor sie chronisch wird
zur Therapie werde ich Schopenhauers
Perspektivitätstheorie nachlesen
vielleicht wird mein Verständnis darüber für dich wachsen
dann bin ich wieder frei

An Ilses einem Geburtstag

Unerträglich lange vor einem leeren Blatt
gesessen
den gezückten Schreiber in der rechten Hand
unerhört viel Zeit verloren
in 2 Stunden
grübelnd an die weiße Wand gestarrt

Gedanken kamen und verflogen
im Nacken schonungslose Wirklichkeit
die unaufhaltsam einen Weg verfolgt

Schließlich aufgestanden und hinausgegangen
im Garten unter Regenwolken
schwere Erde umgegraben
junge Pflanzen eingesetzt
zukunftsheischend darüber müde geworden
an jenem 27. August

Haifischzähne

Einst
als ich mich von den Haifischzähnen meiner Natur umklammert sah
waren die Sommer heiß und trocken
die von Insekten und Vögeln durchwaberte Luft
brachte Wiesen und Wälder zum Blühen
Tage angefüllt mit Sonne und Bewegung
verstrichen in der Laune einer Zeit
die mich über meine Schatten hob

Jetzt
nachdem mich die Haifischzähne aufgaben
sind die Sommer kühl und nass

Nacht

Hallo Nacht
Gesellin der Gangster und Dichter
samtweich legst du dich auf mein Haus
schweigst dich aus
vertreibst die Spuren des Tages
deckst den Lärm mit deiner Schwärze zu
Friede auf Erden
einige Stunden
schwer errungen über Mühen und Pflichten
endlich frei
und die Gedanken gehen spazieren kreisen und galoppieren
treiben rosige Knospen
wetzen sich ab am Papier

Wer war das

Eine ganze Nacht
Liebe gemacht
am Morgen danach
fort ist er
ohne Gruß
wie war sein Name gleich
vorbei
ich vergaß

Gnade

Bei meiner Geburt erhielt ich eine

lebenslange Haftstrafe zur Stumpfsinnigkeit

nach 30 Jahren fiel mir ein Gnadengesuch ein

ich richtete an meinen Kopf einen Straferlass wegen guter Führung

stattgegeben

die Synapsen konnten schnappen

Atemlos

Und immer wieder
manchmal
muss ich mich verlieben
in den Mai
in den Anblick eines blauen Julimeers
möchte tief in Sonnenglut versinken
baden im Schweiß von dir und mir

und immer wieder
manchmal
muss ich fühlen
dass ich lebendig lebe
nicht abgestumpft bin oder starr
gewaltig wünsch ich mir ein Wachsen
in unbekannte Weite
ohne Anfang Ende Ziel und Sinn
dehnen strecken bis zum Platzen
Urknall hören
mit grellem Licht ins Schwarze treffen
und Fugen schließen
da wo Mauerrisse klaffen

Man

Man sagt so gerne man
was ist das für ein Wort
nicht du nicht ich
man ist nicht so beziehungsvoll
man will wohl keine haben

Wenn ich sage ich
meine ich mich
hingegen wenn ich sage man
von wem spreche ich dann

Blödelei II
oder
Ortswechsel

Kennst du die Geschichte vom Habicht
der hielt nie den Schnabel dicht

einem Jäger war dies über
es war ein Tag ein ganz trüber

er hat auf den Vogel kurz entschlossen geschossen
der hat ihm die Tätlichkeit nie verziehen
er verließ den Ort und lärmt jetzt in Wien

Blödelei III
oder
Plötzlich doch Optimist in verkehrter Sache

Es war ein alter Nihilist
der ging ans Klavier und spielte Lizst
doch als das Werk sich rasch erschöpfte
er sich daraufhin gedanklich köpfte
dachte er lange nach
und spielte dann Bach

So durchspielte er die Reihen der großen Meister
und rief am Ende „ach Scheibenkleister
jetzt will ich es einmal selber probieren"
doch das Komponieren schien ihn zu irritieren

So kam`s dass er sich am Ende ganz furchtbar blamierte
und aus Scham im Nu im Boden versank

Andalusische Impression

Jerez
40 Grad in der Sonne bei der Landung
das „Concierto de Aranjuez" im Ohr
Miles Davis spielt auf der Trompete

Die Stadt
passabel
alt und modern
konsequenter
Sherryduft in der Luft
und Berge von Wäsche auf den Leinen der Fenster und Balkone

Später auf dem Land
diese mächtigen schwarzen Stiere
bestimmt für die Arena
und zum Ruhm des Matadors

Jubelnder Beifall wenn sie fallen
in aufgewühltem Sande sterben
Keine Grausamkeit
nur der leise Hauch eines maurisch klagenden Seufzers
im fernen Wind

Meine unwirkliche Wirklichkeit

Ich mag die Wirklichkeit nicht
sie ist kalt
und nimmt mir meine Phantasie

Ich bin eine Traumtänzerin
und teile mir
3 Meter über der Erde
mit den Schmetterlingen den Raum

Wir sitzen auf schwankenden Halmen
verharren
steigen zum Blau des Himmels auf
und verstecken uns
wenn es regnet stürmt und schneit

Idee

In meinem letzten Leben
starb ich mitten in einem Pinienwald
den Rücken eng an den Stamm eines Baumes gepresst
kämpften sich meine Zehenspitzen
mühsam zu den Wurzeln vor
es war Vollmond
und der Wind setzte keinen Widerstand

Klein krumm dösend
verbrachte ich Zeiten zwischen Lebenssäften
Maden und Käfer benutzten mein Fleisch
in die Wipfel will ich
forderte mein Kopf
und gutmütig bohrten sich Baumadern
in meine Schläfengegend

Mein Wille trieb mich in die Höhe
thront über allen Pinien des Pinienwaldes
und zuckt zusammen vor jedem Blitz
dem er ausgeliefert ist

Manhattan

Aufgeregt und atemlos
Tag und Nacht präsent
die unverkennbare Silhouette
mit dem schwerelosen Nebeneinander
von gerade spitz und stumpf

Liebenswürdig schmiegen kleine Bauten
sich ihren großen Schwestern an
die ganz ohne jede Frage
mit stolz erhobenem Haupte wachsam auf jene Wichte schauen

Es sprüht Soho
die Bronx ist auch nicht leise
Greenwich Village dagegen besticht durch Beschaulichkeit
spürbar unbescheidene Wichtigkeit
türmt sich im Finanzviertel auf

Ground Zero
in ungespielter Dauertrauer
lädt seinen Primärstatus wieder auf
Verwegenheit schießt in die Höhe
post mortem der Twin Towers
bläht Big Apple seine Muskeln auf

Traumseliges Wandern durch den Central Park
in der MoMa staunendes Genießen
schließlich in erhaben windiger Höhe
lädt das Empire State Building
zum Verweilen ein
rein scheint die Luft hier oben
ein paar Tauben gurren
über Little Italy winkt eine blütenweiße Nebelbank von viel weiter
unten
Die Metropolitan Opera klingt bis zur Schnecke Guggenheim

hier wirbt eine Retrospektive
um ungeteilte Aufmerksamkeit
im sperrigem Großformat

Das alte Birdland ist perdu gegangen
der Standort heute noch zu sehen
Macy`s blüht dagegen
reizt rechnerisch verwegen
mit Sonderangeboten
abgehoben Max Mara Prada und Dior

Und dieses dann am späten Abend:
am Times Square ein Kinderwagen
ganz mit weißem Nerz verbrämt
ungläubiges Staunen bei New Yorkern und Touristen

Großes Dorf Manhattan
hier passt beinahe alles und jeder rein
ungezügelt unverstellt nicht verdorben
und die Abschiedsweh
grüßt in stoischer Freundlichkeit
Miss Liberty

Rom

Früh am Morgen plaudern mit Cato auf dem Pantheon
wenig später schon wartet Julius auf dem Forum romanum
und klagt über den Senat

Ungeduldig winkt Alighieri auf dem Campo Fiori mit einer Tüte Eis
weiß die Rede wohl zu setzen
über sein Inferno
Mit Bauplänen in der Hand grüßt Bernini im Vorübergehen
streift aus Versehen Boticelli und seine Primavera

Nach kurzer Pause auf der Spanischen Treppe nur
locken Gucci Bulgari und Valentino
gleich an der nächsten Ecke

Fellini ruht sich nach einem langen Drehtag
am Brunnen Trevi aus
sucht vergebens in seiner Tasche eine Münze.

Auf der Via Veneto lädt Mastroianni
Nero zum Abendessen ein
der schüttelt den Kopf und eilt in die Katakomben
dort darf er seine Harfe spielen
im Kolosseum wird's ihm verboten

Unterdessen inspiziert Michelangelo den Palazzo Farnese
mit künstlerischem Kennerblick
Hand in Hand noch mit dem Medici Spross Giuliamo

Im Petersdom gehen langsam die Lichter aus
die Vögel schweigen auf den Foren
Altes Rom junges Rom ewiges Rom
untrennbar unverkennbar urgewaltig
unbeschreiblich schön
der Tiber hat alle Menschen und ihre Zeiten gesehen

Eine Station auf Jamaika

Tres chic
Caribique

Ein Flüstern ein Raunen nur im Ohr
samtweich die Nacht
wie ein lindwarmer Hauch auf der Haut
glättet Sinne und Seele

„Ocho Rios" dann am Morgen
statt weißer Sand am Strand nur kaltes schwarzes Eisen
Industrierelikt aus fernen geschäftsorientierten Tagen
abgehalftert angerostet ausgedient abgelegt

Ungepflegt der winzig kleine Ort
Männer alt und jung
nur vereinzelt ein paar Frauen
Rastalocken zerschlissene Hemden und Hosen
und manch allzu starrer Blick
im grautrüben Vormittagslicht
Untote in charmefreier Zone
stumpfe allgegenwärtige Hoffnungslosigkeit
anstelle glamouröser Ansichtskartenbläue der

Caribique
tres chic

Inhaltsverzeichnis

Zeit

Ich spotte auf die Jahre
und tanze mit der Zeit
ich kann mich nicht erinnern
an etwas
das mich reut
Die Zukunft nennt sich morgen
und trägt ein schwarzes Kleid
wird mir die Farbe passen
vielleicht macht sie nur alt